THIS BOOK BELONGS TO:

CONTACT INFORMATION	
NAME	
ADDRESS	
PHONE #	
EMAIL	

Copyright © Teresa Rother
All rights reserved. No part of this publication may be reproduced, distributed, or transmitted in any form or by any means, including photocopy, recording, or other electronic or mechanical methods.

DEDICATION

This Off-Roading Log Book is dedicated to off-road adventurers who want to document their experience.

You are my inspiration for producing this book and I'm honored to be a part of capturing your trail rides, rock crawling, and other backroad adventures.

HOW TO USE THIS BOOK

This Off-Road Log Book will allow you to accurately record every detail of your personal experience on back road journeys. It's a great way to document trails, locations, equipment checklists, and much more.

Here are examples of information for you to fill in and write the details about your experience in this book.

Fill in the following information:

1. Date, Location, Distance - Fill in the trail location, date, trail distance.

2. Pass Needed - Checklist for a daily pass, landowner, national park, organization property, or park permit.

3. Group or Organization - Space to write who organized or sponsored the event.

4. Checklist - Mark parts and supplies that were reviewed or checked.

5. Trail Conditions - Record information for future reference regarding the trails.

6. Observations - List your thoughts regarding what you noticed about the trail or terrain (scenery, challenging obstacles, type of terrain).

7. Conclusions - Use the checklist for your rating of the trail/off-road experience, trail difficulty, and overall score.

DATE	LOCATION	DISTANCE

PASS NEEDED	
DAILY PASS	NATIONAL PARK
LANDOWNER	ORGANIZATION
MEMBERSHIP	PARK PERMIT

GROUP OR ORGANIZATION

CHECKLIST	
O TIRE PRESSURES & SPARE(S)	O ALL FLUIDS
O BELTS & HOSES	O BRAKE PADS & SHOES
O ALL BOLTS & LUG NUTS	O SHOCKS & MOUNTS
O WINCH & BATTERIES	O ALL SPARE GAS TANKS
O ASSORTED TOOLS	O FORDING DEPTHS & ANGLES

TRAIL CONDITIONS

OBSERVATIONS

CONCLUSIONS				
YES	NO	SHADE ONE	TRAIL DIFFICULTY	SCORE
O	O	RECOMMEND OVERALL?		
O	O	WELL MANAGED?		
O	O	CHALLENGING?	1 TO 10	1 TO 10

DATE	LOCATION	DISTANCE

PASS NEEDED	
DAILY PASS	NATIONAL PARK
LANDOWNER	ORGANIZATION
MEMBERSHIP	PARK PERMIT

GROUP OR ORGANIZATION

CHECKLIST	
O TIRE PRESSURES & SPARE(S)	O ALL FLUIDS
O BELTS & HOSES	O BRAKE PADS & SHOES
O ALL BOLTS & LUG NUTS	O SHOCKS & MOUNTS
O WINCH & BATTERIES	O ALL SPARE GAS TANKS
O ASSORTED TOOLS	O FORDING DEPTHS & ANGLES

TRAIL CONDITIONS

OBSERVATIONS

CONCLUSIONS			
YES	NO	SHADE ONE	TRAIL DIFFICULTY	SCORE
O	O	RECOMMEND OVERALL?		
O	O	WELL MANAGED?		
O	O	CHALLENGING?	1 TO 10	1 TO 10

DATE	LOCATION	DISTANCE

PASS NEEDED

DAILY PASS	NATIONAL PARK
LANDOWNER	ORGANIZATION
MEMBERSHIP	PARK PERMIT

GROUP OR ORGANIZATION

CHECKLIST

○ TIRE PRESSURES & SPARE(S)	○ ALL FLUIDS
○ BELTS & HOSES	○ BRAKE PADS & SHOES
○ ALL BOLTS & LUG NUTS	○ SHOCKS & MOUNTS
○ WINCH & BATTERIES	○ ALL SPARE GAS TANKS
○ ASSORTED TOOLS	○ FORDING DEPTHS & ANGLES

TRAIL CONDITIONS

OBSERVATIONS

CONCLUSIONS

YES	NO	SHADE ONE	TRAIL DIFFICULTY	SCORE
○	○	RECOMMEND OVERALL?		
○	○	WELL MANAGED?		
○	○	CHALLENGING?	1 TO 10	1 TO 10

DATE	LOCATION	DISTANCE

PASS NEEDED	
DAILY PASS	NATIONAL PARK
LANDOWNER	ORGANIZATION
MEMBERSHIP	PARK PERMIT

GROUP OR ORGANIZATION

CHECKLIST	
O TIRE PRESSURES & SPARE(S)	O ALL FLUIDS
O BELTS & HOSES	O BRAKE PADS & SHOES
O ALL BOLTS & LUG NUTS	O SHOCKS & MOUNTS
O WINCH & BATTERIES	O ALL SPARE GAS TANKS
O ASSORTED TOOLS	O FORDING DEPTHS & ANGLES

TRAIL CONDITIONS

OBSERVATIONS

CONCLUSIONS				
YES	NO	SHADE ONE	TRAIL DIFFICULTY	SCORE
O	O	RECOMMEND OVERALL?		
O	O	WELL MANAGED?		
O	O	CHALLENGING?	1 TO 10	1 TO 10

DATE	LOCATION	DISTANCE

PASS NEEDED

DAILY PASS	NATIONAL PARK
LANDOWNER	ORGANIZATION
MEMBERSHIP	PARK PERMIT

GROUP OR ORGANIZATION

CHECKLIST

○ TIRE PRESSURES & SPARE(S)	○ ALL FLUIDS
○ BELTS & HOSES	○ BRAKE PADS & SHOES
○ ALL BOLTS & LUG NUTS	○ SHOCKS & MOUNTS
○ WINCH & BATTERIES	○ ALL SPARE GAS TANKS
○ ASSORTED TOOLS	○ FORDING DEPTHS & ANGLES

TRAIL CONDITIONS

OBSERVATIONS

CONCLUSIONS

YES	NO	SHADE ONE	TRAIL DIFFICULTY	SCORE
○	○	RECOMMEND OVERALL?		
○	○	WELL MANAGED?		
○	○	CHALLENGING?	1 TO 10	1 TO 10

DATE	LOCATION	DISTANCE

PASS NEEDED	
DAILY PASS	NATIONAL PARK
LANDOWNER	ORGANIZATION
MEMBERSHIP	PARK PERMIT

GROUP OR ORGANIZATION

CHECKLIST	
O TIRE PRESSURES & SPARE(S)	O ALL FLUIDS
O BELTS & HOSES	O BRAKE PADS & SHOES
O ALL BOLTS & LUG NUTS	O SHOCKS & MOUNTS
O WINCH & BATTERIES	O ALL SPARE GAS TANKS
O ASSORTED TOOLS	O FORDING DEPTHS & ANGLES

TRAIL CONDITIONS

OBSERVATIONS

CONCLUSIONS				
YES	NO	SHADE ONE	TRAIL DIFFICULTY	SCORE
O	O	RECOMMEND OVERALL?		
O	O	WELL MANAGED?		
O	O	CHALLENGING?	1 TO 10	1 TO 10

DATE	LOCATION	DISTANCE

PASS NEEDED

DAILY PASS	NATIONAL PARK
LANDOWNER	ORGANIZATION
MEMBERSHIP	PARK PERMIT

GROUP OR ORGANIZATION

CHECKLIST

O TIRE PRESSURES & SPARE(S)	O ALL FLUIDS
O BELTS & HOSES	O BRAKE PADS & SHOES
O ALL BOLTS & LUG NUTS	O SHOCKS & MOUNTS
O WINCH & BATTERIES	O ALL SPARE GAS TANKS
O ASSORTED TOOLS	O FORDING DEPTHS & ANGLES

TRAIL CONDITIONS

OBSERVATIONS

CONCLUSIONS

YES	NO	SHADE ONE	TRAIL DIFFICULTY	SCORE
O	O	RECOMMEND OVERALL?		
O	O	WELL MANAGED?		
O	O	CHALLENGING?	1 TO 10	1 TO 10

DATE	LOCATION	DISTANCE

PASS NEEDED	
DAILY PASS	NATIONAL PARK
LANDOWNER	ORGANIZATION
MEMBERSHIP	PARK PERMIT

GROUP OR ORGANIZATION

CHECKLIST	
O TIRE PRESSURES & SPARE(S)	O ALL FLUIDS
O BELTS & HOSES	O BRAKE PADS & SHOES
O ALL BOLTS & LUG NUTS	O SHOCKS & MOUNTS
O WINCH & BATTERIES	O ALL SPARE GAS TANKS
O ASSORTED TOOLS	O FORDING DEPTHS & ANGLES

TRAIL CONDITIONS

OBSERVATIONS

CONCLUSIONS			
YES	NO	SHADE ONE	TRAIL DIFFICULTY	SCORE
O	O	RECOMMEND OVERALL?		
O	O	WELL MANAGED?		
O	O	CHALLENGING?	1 TO 10	1 TO 10

DATE	LOCATION	DISTANCE

PASS NEEDED

DAILY PASS	NATIONAL PARK
LANDOWNER	ORGANIZATION
MEMBERSHIP	PARK PERMIT

GROUP OR ORGANIZATION

CHECKLIST

O TIRE PRESSURES & SPARE(S)	O ALL FLUIDS
O BELTS & HOSES	O BRAKE PADS & SHOES
O ALL BOLTS & LUG NUTS	O SHOCKS & MOUNTS
O WINCH & BATTERIES	O ALL SPARE GAS TANKS
O ASSORTED TOOLS	O FORDING DEPTHS & ANGLES

TRAIL CONDITIONS

OBSERVATIONS

CONCLUSIONS

YES	NO	SHADE ONE	TRAIL DIFFICULTY	SCORE
O	O	RECOMMEND OVERALL?		
O	O	WELL MANAGED?		
O	O	CHALLENGING?	1 TO 10	1 TO 10

DATE	LOCATION	DISTANCE

PASS NEEDED

DAILY PASS	NATIONAL PARK
LANDOWNER	ORGANIZATION
MEMBERSHIP	PARK PERMIT

GROUP OR ORGANIZATION

CHECKLIST

O TIRE PRESSURES & SPARE(S)	O ALL FLUIDS
O BELTS & HOSES	O BRAKE PADS & SHOES
O ALL BOLTS & LUG NUTS	O SHOCKS & MOUNTS
O WINCH & BATTERIES	O ALL SPARE GAS TANKS
O ASSORTED TOOLS	O FORDING DEPTHS & ANGLES

TRAIL CONDITIONS

OBSERVATIONS

CONCLUSIONS

YES	NO	SHADE ONE	TRAIL DIFFICULTY	SCORE
O	O	RECOMMEND OVERALL?		
O	O	WELL MANAGED?		
O	O	CHALLENGING?	1 TO 10	1 TO 10

DATE	LOCATION	DISTANCE

PASS NEEDED	
DAILY PASS	NATIONAL PARK
LANDOWNER	ORGANIZATION
MEMBERSHIP	PARK PERMIT

GROUP OR ORGANIZATION

CHECKLIST	
O TIRE PRESSURES & SPARE(S)	O ALL FLUIDS
O BELTS & HOSES	O BRAKE PADS & SHOES
O ALL BOLTS & LUG NUTS	O SHOCKS & MOUNTS
O WINCH & BATTERIES	O ALL SPARE GAS TANKS
O ASSORTED TOOLS	O FORDING DEPTHS & ANGLES

TRAIL CONDITIONS

OBSERVATIONS

CONCLUSIONS			
YES	NO	SHADE ONE	TRAIL DIFFICULTY	SCORE
O	O	RECOMMEND OVERALL?		
O	O	WELL MANAGED?		
O	O	CHALLENGING?	1 TO 10	1 TO 10

DATE	LOCATION	DISTANCE

PASS NEEDED	
DAILY PASS	NATIONAL PARK
LANDOWNER	ORGANIZATION
MEMBERSHIP	PARK PERMIT

GROUP OR ORGANIZATION

CHECKLIST	
O TIRE PRESSURES & SPARE(S)	O ALL FLUIDS
O BELTS & HOSES	O BRAKE PADS & SHOES
O ALL BOLTS & LUG NUTS	O SHOCKS & MOUNTS
O WINCH & BATTERIES	O ALL SPARE GAS TANKS
O ASSORTED TOOLS	O FORDING DEPTHS & ANGLES

TRAIL CONDITIONS

OBSERVATIONS

CONCLUSIONS				
YES	NO	SHADE ONE	TRAIL DIFFICULTY	SCORE
O	O	RECOMMEND OVERALL?		
O	O	WELL MANAGED?		
O	O	CHALLENGING?	1 TO 10	1 TO 10

DATE	LOCATION	DISTANCE

PASS NEEDED	
DAILY PASS	NATIONAL PARK
LANDOWNER	ORGANIZATION
MEMBERSHIP	PARK PERMIT

GROUP OR ORGANIZATION

CHECKLIST	
O TIRE PRESSURES & SPARE(S)	O ALL FLUIDS
O BELTS & HOSES	O BRAKE PADS & SHOES
O ALL BOLTS & LUG NUTS	O SHOCKS & MOUNTS
O WINCH & BATTERIES	O ALL SPARE GAS TANKS
O ASSORTED TOOLS	O FORDING DEPTHS & ANGLES

TRAIL CONDITIONS

OBSERVATIONS

CONCLUSIONS				
YES	NO	SHADE ONE	TRAIL DIFFICULTY	SCORE
O	O	RECOMMEND OVERALL?		
O	O	WELL MANAGED?		
O	O	CHALLENGING?	1 TO 10	1 TO 10

DATE	LOCATION	DISTANCE

PASS NEEDED	
DAILY PASS	NATIONAL PARK
LANDOWNER	ORGANIZATION
MEMBERSHIP	PARK PERMIT

GROUP OR ORGANIZATION

CHECKLIST	
O TIRE PRESSURES & SPARE(S)	O ALL FLUIDS
O BELTS & HOSES	O BRAKE PADS & SHOES
O ALL BOLTS & LUG NUTS	O SHOCKS & MOUNTS
O WINCH & BATTERIES	O ALL SPARE GAS TANKS
O ASSORTED TOOLS	O FORDING DEPTHS & ANGLES

TRAIL CONDITIONS

OBSERVATIONS

CONCLUSIONS			
YES	NO	SHADE ONE	TRAIL DIFFICULTY	SCORE
O	O	RECOMMEND OVERALL?		
O	O	WELL MANAGED?		
O	O	CHALLENGING?	1 TO 10	1 TO 10

DATE	LOCATION	DISTANCE

PASS NEEDED	
DAILY PASS	NATIONAL PARK
LANDOWNER	ORGANIZATION
MEMBERSHIP	PARK PERMIT

GROUP OR ORGANIZATION

CHECKLIST	
O TIRE PRESSURES & SPARE(S)	O ALL FLUIDS
O BELTS & HOSES	O BRAKE PADS & SHOES
O ALL BOLTS & LUG NUTS	O SHOCKS & MOUNTS
O WINCH & BATTERIES	O ALL SPARE GAS TANKS
O ASSORTED TOOLS	O FORDING DEPTHS & ANGLES

TRAIL CONDITIONS

OBSERVATIONS

CONCLUSIONS				
YES	NO	SHADE ONE	TRAIL DIFFICULTY	SCORE
O	O	RECOMMEND OVERALL?		
O	O	WELL MANAGED?		
O	O	CHALLENGING?	1 TO 10	1 TO 10

DATE	LOCATION	DISTANCE

PASS NEEDED

DAILY PASS	NATIONAL PARK
LANDOWNER	ORGANIZATION
MEMBERSHIP	PARK PERMIT

GROUP OR ORGANIZATION

CHECKLIST

O TIRE PRESSURES & SPARE(S)	O ALL FLUIDS
O BELTS & HOSES	O BRAKE PADS & SHOES
O ALL BOLTS & LUG NUTS	O SHOCKS & MOUNTS
O WINCH & BATTERIES	O ALL SPARE GAS TANKS
O ASSORTED TOOLS	O FORDING DEPTHS & ANGLES

TRAIL CONDITIONS

OBSERVATIONS

CONCLUSIONS

YES	NO	SHADE ONE	TRAIL DIFFICULTY	SCORE
O	O	RECOMMEND OVERALL?		
O	O	WELL MANAGED?		
O	O	CHALLENGING?	1 TO 10	1 TO 10

DATE	LOCATION	DISTANCE

PASS NEEDED

DAILY PASS	NATIONAL PARK
LANDOWNER	ORGANIZATION
MEMBERSHIP	PARK PERMIT

GROUP OR ORGANIZATION

CHECKLIST

○ TIRE PRESSURES & SPARE(S)	○ ALL FLUIDS
○ BELTS & HOSES	○ BRAKE PADS & SHOES
○ ALL BOLTS & LUG NUTS	○ SHOCKS & MOUNTS
○ WINCH & BATTERIES	○ ALL SPARE GAS TANKS
○ ASSORTED TOOLS	○ FORDING DEPTHS & ANGLES

TRAIL CONDITIONS

OBSERVATIONS

CONCLUSIONS

YES	NO	SHADE ONE	TRAIL DIFFICULTY	SCORE
○	○	RECOMMEND OVERALL?		
○	○	WELL MANAGED?		
○	○	CHALLENGING?	1 TO 10	1 TO 10

DATE	LOCATION	DISTANCE

PASS NEEDED	
DAILY PASS	NATIONAL PARK
LANDOWNER	ORGANIZATION
MEMBERSHIP	PARK PERMIT

GROUP OR ORGANIZATION

CHECKLIST	
O TIRE PRESSURES & SPARE(S)	O ALL FLUIDS
O BELTS & HOSES	O BRAKE PADS & SHOES
O ALL BOLTS & LUG NUTS	O SHOCKS & MOUNTS
O WINCH & BATTERIES	O ALL SPARE GAS TANKS
O ASSORTED TOOLS	O FORDING DEPTHS & ANGLES

TRAIL CONDITIONS

OBSERVATIONS

CONCLUSIONS				
YES	NO	SHADE ONE	TRAIL DIFFICULTY	SCORE
O	O	RECOMMEND OVERALL?		
O	O	WELL MANAGED?		
O	O	CHALLENGING?	1 TO 10	1 TO 10

DATE	LOCATION	DISTANCE

PASS NEEDED	
DAILY PASS	NATIONAL PARK
LANDOWNER	ORGANIZATION
MEMBERSHIP	PARK PERMIT

GROUP OR ORGANIZATION

CHECKLIST	
O TIRE PRESSURES & SPARE(S)	O ALL FLUIDS
O BELTS & HOSES	O BRAKE PADS & SHOES
O ALL BOLTS & LUG NUTS	O SHOCKS & MOUNTS
O WINCH & BATTERIES	O ALL SPARE GAS TANKS
O ASSORTED TOOLS	O FORDING DEPTHS & ANGLES

TRAIL CONDITIONS

OBSERVATIONS

CONCLUSIONS				
YES	NO	SHADE ONE	TRAIL DIFFICULTY	SCORE
O	O	RECOMMEND OVERALL?		
O	O	WELL MANAGED?		
O	O	CHALLENGING?	1 TO 10	1 TO 10

DATE	LOCATION	DISTANCE

PASS NEEDED

DAILY PASS	NATIONAL PARK
LANDOWNER	ORGANIZATION
MEMBERSHIP	PARK PERMIT

GROUP OR ORGANIZATION

CHECKLIST

O TIRE PRESSURES & SPARE(S)	O ALL FLUIDS
O BELTS & HOSES	O BRAKE PADS & SHOES
O ALL BOLTS & LUG NUTS	O SHOCKS & MOUNTS
O WINCH & BATTERIES	O ALL SPARE GAS TANKS
O ASSORTED TOOLS	O FORDING DEPTHS & ANGLES

TRAIL CONDITIONS

OBSERVATIONS

CONCLUSIONS

YES	NO	SHADE ONE	TRAIL DIFFICULTY	SCORE
O	O	RECOMMEND OVERALL?		
O	O	WELL MANAGED?		
O	O	CHALLENGING?	1 TO 10	1 TO 10

DATE	LOCATION	DISTANCE

PASS NEEDED	
DAILY PASS	NATIONAL PARK
LANDOWNER	ORGANIZATION
MEMBERSHIP	PARK PERMIT

GROUP OR ORGANIZATION

CHECKLIST	
O TIRE PRESSURES & SPARE(S)	O ALL FLUIDS
O BELTS & HOSES	O BRAKE PADS & SHOES
O ALL BOLTS & LUG NUTS	O SHOCKS & MOUNTS
O WINCH & BATTERIES	O ALL SPARE GAS TANKS
O ASSORTED TOOLS	O FORDING DEPTHS & ANGLES

TRAIL CONDITIONS

OBSERVATIONS

CONCLUSIONS				
YES	NO	SHADE ONE	TRAIL DIFFICULTY	SCORE
O	O	RECOMMEND OVERALL?		
O	O	WELL MANAGED?		
O	O	CHALLENGING?	1 TO 10	1 TO 10

DATE	LOCATION	DISTANCE

PASS NEEDED	
DAILY PASS	NATIONAL PARK
LANDOWNER	ORGANIZATION
MEMBERSHIP	PARK PERMIT

GROUP OR ORGANIZATION

CHECKLIST	
O TIRE PRESSURES & SPARE(S)	O ALL FLUIDS
O BELTS & HOSES	O BRAKE PADS & SHOES
O ALL BOLTS & LUG NUTS	O SHOCKS & MOUNTS
O WINCH & BATTERIES	O ALL SPARE GAS TANKS
O ASSORTED TOOLS	O FORDING DEPTHS & ANGLES

TRAIL CONDITIONS

OBSERVATIONS

CONCLUSIONS				
YES	NO	SHADE ONE	TRAIL DIFFICULTY	SCORE
O	O	RECOMMEND OVERALL?		
O	O	WELL MANAGED?		
O	O	CHALLENGING?	1 TO 10	1 TO 10

DATE	LOCATION	DISTANCE

PASS NEEDED

DAILY PASS	NATIONAL PARK
LANDOWNER	ORGANIZATION
MEMBERSHIP	PARK PERMIT

GROUP OR ORGANIZATION

CHECKLIST

O TIRE PRESSURES & SPARE(S)	O ALL FLUIDS
O BELTS & HOSES	O BRAKE PADS & SHOES
O ALL BOLTS & LUG NUTS	O SHOCKS & MOUNTS
O WINCH & BATTERIES	O ALL SPARE GAS TANKS
O ASSORTED TOOLS	O FORDING DEPTHS & ANGLES

TRAIL CONDITIONS

OBSERVATIONS

CONCLUSIONS

YES	NO	SHADE ONE	TRAIL DIFFICULTY	SCORE
O	O	RECOMMEND OVERALL?		
O	O	WELL MANAGED?		
O	O	CHALLENGING?	1 TO 10	1 TO 10

DATE	LOCATION	DISTANCE

PASS NEEDED

DAILY PASS	NATIONAL PARK
LANDOWNER	ORGANIZATION
MEMBERSHIP	PARK PERMIT

GROUP OR ORGANIZATION

CHECKLIST

O TIRE PRESSURES & SPARE(S)	O ALL FLUIDS
O BELTS & HOSES	O BRAKE PADS & SHOES
O ALL BOLTS & LUG NUTS	O SHOCKS & MOUNTS
O WINCH & BATTERIES	O ALL SPARE GAS TANKS
O ASSORTED TOOLS	O FORDING DEPTHS & ANGLES

TRAIL CONDITIONS

OBSERVATIONS

CONCLUSIONS

YES	NO	SHADE ONE	TRAIL DIFFICULTY	SCORE
O	O	RECOMMEND OVERALL?		
O	O	WELL MANAGED?		
O	O	CHALLENGING?	1 TO 10	1 TO 10

DATE	LOCATION	DISTANCE

PASS NEEDED

DAILY PASS	NATIONAL PARK
LANDOWNER	ORGANIZATION
MEMBERSHIP	PARK PERMIT

GROUP OR ORGANIZATION

CHECKLIST

○ TIRE PRESSURES & SPARE(S)	○ ALL FLUIDS
○ BELTS & HOSES	○ BRAKE PADS & SHOES
○ ALL BOLTS & LUG NUTS	○ SHOCKS & MOUNTS
○ WINCH & BATTERIES	○ ALL SPARE GAS TANKS
○ ASSORTED TOOLS	○ FORDING DEPTHS & ANGLES

TRAIL CONDITIONS

OBSERVATIONS

CONCLUSIONS

YES	NO	SHADE ONE	TRAIL DIFFICULTY	SCORE
○	○	RECOMMEND OVERALL?		
○	○	WELL MANAGED?		
○	○	CHALLENGING?	1 TO 10	1 TO 10

DATE	LOCATION	DISTANCE

PASS NEEDED	
DAILY PASS	NATIONAL PARK
LANDOWNER	ORGANIZATION
MEMBERSHIP	PARK PERMIT

GROUP OR ORGANIZATION

CHECKLIST

O TIRE PRESSURES & SPARE(S)	O ALL FLUIDS
O BELTS & HOSES	O BRAKE PADS & SHOES
O ALL BOLTS & LUG NUTS	O SHOCKS & MOUNTS
O WINCH & BATTERIES	O ALL SPARE GAS TANKS
O ASSORTED TOOLS	O FORDING DEPTHS & ANGLES

TRAIL CONDITIONS

OBSERVATIONS

CONCLUSIONS

YES	NO	SHADE ONE	TRAIL DIFFICULTY	SCORE
O	O	RECOMMEND OVERALL?		
O	O	WELL MANAGED?		
O	O	CHALLENGING?	1 TO 10	1 TO 10

DATE	LOCATION	DISTANCE

PASS NEEDED	
DAILY PASS	NATIONAL PARK
LANDOWNER	ORGANIZATION
MEMBERSHIP	PARK PERMIT

GROUP OR ORGANIZATION

CHECKLIST	
O TIRE PRESSURES & SPARE(S)	O ALL FLUIDS
O BELTS & HOSES	O BRAKE PADS & SHOES
O ALL BOLTS & LUG NUTS	O SHOCKS & MOUNTS
O WINCH & BATTERIES	O ALL SPARE GAS TANKS
O ASSORTED TOOLS	O FORDING DEPTHS & ANGLES

TRAIL CONDITIONS

OBSERVATIONS

CONCLUSIONS				
YES	NO	SHADE ONE	TRAIL DIFFICULTY	SCORE
O	O	RECOMMEND OVERALL?		
O	O	WELL MANAGED?		
O	O	CHALLENGING?	1 TO 10	1 TO 10

DATE	LOCATION	DISTANCE

PASS NEEDED	
DAILY PASS	NATIONAL PARK
LANDOWNER	ORGANIZATION
MEMBERSHIP	PARK PERMIT

GROUP OR ORGANIZATION

CHECKLIST	
O TIRE PRESSURES & SPARE(S)	O ALL FLUIDS
O BELTS & HOSES	O BRAKE PADS & SHOES
O ALL BOLTS & LUG NUTS	O SHOCKS & MOUNTS
O WINCH & BATTERIES	O ALL SPARE GAS TANKS
O ASSORTED TOOLS	O FORDING DEPTHS & ANGLES

TRAIL CONDITIONS

OBSERVATIONS

CONCLUSIONS				
YES	NO	SHADE ONE	TRAIL DIFFICULTY	SCORE
O	O	RECOMMEND OVERALL?		
O	O	WELL MANAGED?		
O	O	CHALLENGING?	1 TO 10	1 TO 10

DATE	LOCATION	DISTANCE

PASS NEEDED

DAILY PASS	NATIONAL PARK
LANDOWNER	ORGANIZATION
MEMBERSHIP	PARK PERMIT

GROUP OR ORGANIZATION

CHECKLIST

O TIRE PRESSURES & SPARE(S)	O ALL FLUIDS
O BELTS & HOSES	O BRAKE PADS & SHOES
O ALL BOLTS & LUG NUTS	O SHOCKS & MOUNTS
O WINCH & BATTERIES	O ALL SPARE GAS TANKS
O ASSORTED TOOLS	O FORDING DEPTHS & ANGLES

TRAIL CONDITIONS

OBSERVATIONS

CONCLUSIONS

YES	NO	SHADE ONE	TRAIL DIFFICULTY	SCORE
O	O	RECOMMEND OVERALL?		
O	O	WELL MANAGED?		
O	O	CHALLENGING?	1 TO 10	1 TO 10

DATE	LOCATION	DISTANCE

PASS NEEDED

DAILY PASS	NATIONAL PARK
LANDOWNER	ORGANIZATION
MEMBERSHIP	PARK PERMIT

GROUP OR ORGANIZATION

CHECKLIST

O TIRE PRESSURES & SPARE(S)	O ALL FLUIDS
O BELTS & HOSES	O BRAKE PADS & SHOES
O ALL BOLTS & LUG NUTS	O SHOCKS & MOUNTS
O WINCH & BATTERIES	O ALL SPARE GAS TANKS
O ASSORTED TOOLS	O FORDING DEPTHS & ANGLES

TRAIL CONDITIONS

OBSERVATIONS

CONCLUSIONS

YES	NO	SHADE ONE	TRAIL DIFFICULTY	SCORE
O	O	RECOMMEND OVERALL?		
O	O	WELL MANAGED?		
O	O	CHALLENGING?	1 TO 10	1 TO 10

DATE	LOCATION	DISTANCE

PASS NEEDED

DAILY PASS	NATIONAL PARK
LANDOWNER	ORGANIZATION
MEMBERSHIP	PARK PERMIT

GROUP OR ORGANIZATION

CHECKLIST

O TIRE PRESSURES & SPARE(S)	O ALL FLUIDS
O BELTS & HOSES	O BRAKE PADS & SHOES
O ALL BOLTS & LUG NUTS	O SHOCKS & MOUNTS
O WINCH & BATTERIES	O ALL SPARE GAS TANKS
O ASSORTED TOOLS	O FORDING DEPTHS & ANGLES

TRAIL CONDITIONS

OBSERVATIONS

CONCLUSIONS

YES	NO	SHADE ONE	TRAIL DIFFICULTY	SCORE
O	O	RECOMMEND OVERALL?		
O	O	WELL MANAGED?		
O	O	CHALLENGING?	1 TO 10	1 TO 10

DATE	LOCATION	DISTANCE

PASS NEEDED

DAILY PASS	NATIONAL PARK
LANDOWNER	ORGANIZATION
MEMBERSHIP	PARK PERMIT

GROUP OR ORGANIZATION

CHECKLIST

O TIRE PRESSURES & SPARE(S)	O ALL FLUIDS
O BELTS & HOSES	O BRAKE PADS & SHOES
O ALL BOLTS & LUG NUTS	O SHOCKS & MOUNTS
O WINCH & BATTERIES	O ALL SPARE GAS TANKS
O ASSORTED TOOLS	O FORDING DEPTHS & ANGLES

TRAIL CONDITIONS

OBSERVATIONS

CONCLUSIONS

YES	NO	SHADE ONE	TRAIL DIFFICULTY	SCORE
O	O	RECOMMEND OVERALL?		
O	O	WELL MANAGED?		
O	O	CHALLENGING?	1 TO 10	1 TO 10

DATE	LOCATION	DISTANCE

PASS NEEDED	
DAILY PASS	NATIONAL PARK
LANDOWNER	ORGANIZATION
MEMBERSHIP	PARK PERMIT

GROUP OR ORGANIZATION

CHECKLIST	
O TIRE PRESSURES & SPARE(S)	O ALL FLUIDS
O BELTS & HOSES	O BRAKE PADS & SHOES
O ALL BOLTS & LUG NUTS	O SHOCKS & MOUNTS
O WINCH & BATTERIES	O ALL SPARE GAS TANKS
O ASSORTED TOOLS	O FORDING DEPTHS & ANGLES

TRAIL CONDITIONS

OBSERVATIONS

CONCLUSIONS				
YES	NO	SHADE ONE	TRAIL DIFFICULTY	SCORE
O	O	RECOMMEND OVERALL?		
O	O	WELL MANAGED?		
O	O	CHALLENGING?	1 TO 10	1 TO 10

DATE	LOCATION	DISTANCE

PASS NEEDED	
DAILY PASS	NATIONAL PARK
LANDOWNER	ORGANIZATION
MEMBERSHIP	PARK PERMIT

GROUP OR ORGANIZATION

CHECKLIST	
O TIRE PRESSURES & SPARE(S)	O ALL FLUIDS
O BELTS & HOSES	O BRAKE PADS & SHOES
O ALL BOLTS & LUG NUTS	O SHOCKS & MOUNTS
O WINCH & BATTERIES	O ALL SPARE GAS TANKS
O ASSORTED TOOLS	O FORDING DEPTHS & ANGLES

TRAIL CONDITIONS

OBSERVATIONS

CONCLUSIONS			
YES	NO	SHADE ONE	TRAIL DIFFICULTY	SCORE
O	O	RECOMMEND OVERALL?		
O	O	WELL MANAGED?		
O	O	CHALLENGING?	1 TO 10	1 TO 10

DATE	LOCATION	DISTANCE

PASS NEEDED	
DAILY PASS	NATIONAL PARK
LANDOWNER	ORGANIZATION
MEMBERSHIP	PARK PERMIT

GROUP OR ORGANIZATION

CHECKLIST	
O TIRE PRESSURES & SPARE(S)	O ALL FLUIDS
O BELTS & HOSES	O BRAKE PADS & SHOES
O ALL BOLTS & LUG NUTS	O SHOCKS & MOUNTS
O WINCH & BATTERIES	O ALL SPARE GAS TANKS
O ASSORTED TOOLS	O FORDING DEPTHS & ANGLES

TRAIL CONDITIONS

OBSERVATIONS

CONCLUSIONS				
YES	NO	SHADE ONE	TRAIL DIFFICULTY	SCORE
O	O	RECOMMEND OVERALL?		
O	O	WELL MANAGED?		
O	O	CHALLENGING?	1 TO 10	1 TO 10

DATE	LOCATION	DISTANCE

PASS NEEDED	
DAILY PASS	NATIONAL PARK
LANDOWNER	ORGANIZATION
MEMBERSHIP	PARK PERMIT

GROUP OR ORGANIZATION

CHECKLIST	
O TIRE PRESSURES & SPARE(S)	O ALL FLUIDS
O BELTS & HOSES	O BRAKE PADS & SHOES
O ALL BOLTS & LUG NUTS	O SHOCKS & MOUNTS
O WINCH & BATTERIES	O ALL SPARE GAS TANKS
O ASSORTED TOOLS	O FORDING DEPTHS & ANGLES

TRAIL CONDITIONS

OBSERVATIONS

CONCLUSIONS			
YES	NO	SHADE ONE	TRAIL DIFFICULTY	SCORE
O	O	RECOMMEND OVERALL?		
O	O	WELL MANAGED?		
O	O	CHALLENGING?	1 TO 10	1 TO 10

DATE	LOCATION	DISTANCE

PASS NEEDED	
DAILY PASS	NATIONAL PARK
LANDOWNER	ORGANIZATION
MEMBERSHIP	PARK PERMIT

GROUP OR ORGANIZATION

CHECKLIST	
O TIRE PRESSURES & SPARE(S)	O ALL FLUIDS
O BELTS & HOSES	O BRAKE PADS & SHOES
O ALL BOLTS & LUG NUTS	O SHOCKS & MOUNTS
O WINCH & BATTERIES	O ALL SPARE GAS TANKS
O ASSORTED TOOLS	O FORDING DEPTHS & ANGLES

TRAIL CONDITIONS

OBSERVATIONS

CONCLUSIONS				
YES	NO	SHADE ONE	TRAIL DIFFICULTY	SCORE
O	O	RECOMMEND OVERALL?		
O	O	WELL MANAGED?		
O	O	CHALLENGING?	1 TO 10	1 TO 10

DATE	LOCATION	DISTANCE

PASS NEEDED	
DAILY PASS	NATIONAL PARK
LANDOWNER	ORGANIZATION
MEMBERSHIP	PARK PERMIT

GROUP OR ORGANIZATION

CHECKLIST	
O TIRE PRESSURES & SPARE(S)	O ALL FLUIDS
O BELTS & HOSES	O BRAKE PADS & SHOES
O ALL BOLTS & LUG NUTS	O SHOCKS & MOUNTS
O WINCH & BATTERIES	O ALL SPARE GAS TANKS
O ASSORTED TOOLS	O FORDING DEPTHS & ANGLES

TRAIL CONDITIONS

OBSERVATIONS

CONCLUSIONS				
YES	NO	SHADE ONE	TRAIL DIFFICULTY	SCORE
O	O	RECOMMEND OVERALL?		
O	O	WELL MANAGED?		
O	O	CHALLENGING?	1 TO 10	1 TO 10

DATE	LOCATION	DISTANCE

PASS NEEDED

DAILY PASS	NATIONAL PARK
LANDOWNER	ORGANIZATION
MEMBERSHIP	PARK PERMIT

GROUP OR ORGANIZATION

CHECKLIST

O TIRE PRESSURES & SPARE(S)	O ALL FLUIDS
O BELTS & HOSES	O BRAKE PADS & SHOES
O ALL BOLTS & LUG NUTS	O SHOCKS & MOUNTS
O WINCH & BATTERIES	O ALL SPARE GAS TANKS
O ASSORTED TOOLS	O FORDING DEPTHS & ANGLES

TRAIL CONDITIONS

OBSERVATIONS

CONCLUSIONS

YES	NO	SHADE ONE	TRAIL DIFFICULTY	SCORE
O	O	RECOMMEND OVERALL?		
O	O	WELL MANAGED?		
O	O	CHALLENGING?	1 TO 10	1 TO 10

DATE	LOCATION	DISTANCE

PASS NEEDED	
DAILY PASS	NATIONAL PARK
LANDOWNER	ORGANIZATION
MEMBERSHIP	PARK PERMIT

GROUP OR ORGANIZATION

CHECKLIST	
O TIRE PRESSURES & SPARE(S)	O ALL FLUIDS
O BELTS & HOSES	O BRAKE PADS & SHOES
O ALL BOLTS & LUG NUTS	O SHOCKS & MOUNTS
O WINCH & BATTERIES	O ALL SPARE GAS TANKS
O ASSORTED TOOLS	O FORDING DEPTHS & ANGLES

TRAIL CONDITIONS

OBSERVATIONS

CONCLUSIONS				
YES	NO	SHADE ONE	TRAIL DIFFICULTY	SCORE
O	O	RECOMMEND OVERALL?		
O	O	WELL MANAGED?		
O	O	CHALLENGING?	1 TO 10	1 TO 10

DATE	LOCATION	DISTANCE

PASS NEEDED	
DAILY PASS	NATIONAL PARK
LANDOWNER	ORGANIZATION
MEMBERSHIP	PARK PERMIT

GROUP OR ORGANIZATION

CHECKLIST	
O TIRE PRESSURES & SPARE(S)	O ALL FLUIDS
O BELTS & HOSES	O BRAKE PADS & SHOES
O ALL BOLTS & LUG NUTS	O SHOCKS & MOUNTS
O WINCH & BATTERIES	O ALL SPARE GAS TANKS
O ASSORTED TOOLS	O FORDING DEPTHS & ANGLES

TRAIL CONDITIONS

OBSERVATIONS

CONCLUSIONS				
YES	NO	SHADE ONE	TRAIL DIFFICULTY	SCORE
O	O	RECOMMEND OVERALL?		
O	O	WELL MANAGED?		
O	O	CHALLENGING?	1 TO 10	1 TO 10

DATE	LOCATION	DISTANCE

PASS NEEDED	
DAILY PASS	NATIONAL PARK
LANDOWNER	ORGANIZATION
MEMBERSHIP	PARK PERMIT

GROUP OR ORGANIZATION

CHECKLIST	
O TIRE PRESSURES & SPARE(S)	O ALL FLUIDS
O BELTS & HOSES	O BRAKE PADS & SHOES
O ALL BOLTS & LUG NUTS	O SHOCKS & MOUNTS
O WINCH & BATTERIES	O ALL SPARE GAS TANKS
O ASSORTED TOOLS	O FORDING DEPTHS & ANGLES

TRAIL CONDITIONS

OBSERVATIONS

CONCLUSIONS				
YES	NO	SHADE ONE	TRAIL DIFFICULTY	SCORE
O	O	RECOMMEND OVERALL?		
O	O	WELL MANAGED?		
O	O	CHALLENGING?	1 TO 10	1 TO 10

DATE	LOCATION	DISTANCE

PASS NEEDED	
DAILY PASS	NATIONAL PARK
LANDOWNER	ORGANIZATION
MEMBERSHIP	PARK PERMIT

GROUP OR ORGANIZATION

CHECKLIST	
O TIRE PRESSURES & SPARE(S)	O ALL FLUIDS
O BELTS & HOSES	O BRAKE PADS & SHOES
O ALL BOLTS & LUG NUTS	O SHOCKS & MOUNTS
O WINCH & BATTERIES	O ALL SPARE GAS TANKS
O ASSORTED TOOLS	O FORDING DEPTHS & ANGLES

TRAIL CONDITIONS

OBSERVATIONS

CONCLUSIONS				
YES	NO	SHADE ONE	TRAIL DIFFICULTY	SCORE
O	O	RECOMMEND OVERALL?		
O	O	WELL MANAGED?		
O	O	CHALLENGING?	1 TO 10	1 TO 10

DATE	LOCATION	DISTANCE

PASS NEEDED

DAILY PASS	NATIONAL PARK
LANDOWNER	ORGANIZATION
MEMBERSHIP	PARK PERMIT

GROUP OR ORGANIZATION

CHECKLIST

O TIRE PRESSURES & SPARE(S)	O ALL FLUIDS
O BELTS & HOSES	O BRAKE PADS & SHOES
O ALL BOLTS & LUG NUTS	O SHOCKS & MOUNTS
O WINCH & BATTERIES	O ALL SPARE GAS TANKS
O ASSORTED TOOLS	O FORDING DEPTHS & ANGLES

TRAIL CONDITIONS

OBSERVATIONS

CONCLUSIONS

YES	NO	SHADE ONE	TRAIL DIFFICULTY	SCORE
O	O	RECOMMEND OVERALL?		
O	O	WELL MANAGED?		
O	O	CHALLENGING?	1 TO 10	1 TO 10

DATE	LOCATION	DISTANCE

PASS NEEDED	
DAILY PASS	NATIONAL PARK
LANDOWNER	ORGANIZATION
MEMBERSHIP	PARK PERMIT

GROUP OR ORGANIZATION

CHECKLIST	
O TIRE PRESSURES & SPARE(S)	O ALL FLUIDS
O BELTS & HOSES	O BRAKE PADS & SHOES
O ALL BOLTS & LUG NUTS	O SHOCKS & MOUNTS
O WINCH & BATTERIES	O ALL SPARE GAS TANKS
O ASSORTED TOOLS	O FORDING DEPTHS & ANGLES

TRAIL CONDITIONS

OBSERVATIONS

CONCLUSIONS				
YES	NO	SHADE ONE	TRAIL DIFFICULTY	SCORE
O	O	RECOMMEND OVERALL?		
O	O	WELL MANAGED?		
O	O	CHALLENGING?	1 TO 10	1 TO 10

DATE	LOCATION	DISTANCE

PASS NEEDED	
DAILY PASS	NATIONAL PARK
LANDOWNER	ORGANIZATION
MEMBERSHIP	PARK PERMIT

GROUP OR ORGANIZATION

CHECKLIST	
O TIRE PRESSURES & SPARE(S)	O ALL FLUIDS
O BELTS & HOSES	O BRAKE PADS & SHOES
O ALL BOLTS & LUG NUTS	O SHOCKS & MOUNTS
O WINCH & BATTERIES	O ALL SPARE GAS TANKS
O ASSORTED TOOLS	O FORDING DEPTHS & ANGLES

TRAIL CONDITIONS

OBSERVATIONS

CONCLUSIONS				
YES	NO	SHADE ONE	TRAIL DIFFICULTY	SCORE
O	O	RECOMMEND OVERALL?		
O	O	WELL MANAGED?		
O	O	CHALLENGING?	1 TO 10	1 TO 10

DATE	LOCATION	DISTANCE

PASS NEEDED

DAILY PASS	NATIONAL PARK
LANDOWNER	ORGANIZATION
MEMBERSHIP	PARK PERMIT

GROUP OR ORGANIZATION

CHECKLIST

O TIRE PRESSURES & SPARE(S)	O ALL FLUIDS
O BELTS & HOSES	O BRAKE PADS & SHOES
O ALL BOLTS & LUG NUTS	O SHOCKS & MOUNTS
O WINCH & BATTERIES	O ALL SPARE GAS TANKS
O ASSORTED TOOLS	O FORDING DEPTHS & ANGLES

TRAIL CONDITIONS

OBSERVATIONS

CONCLUSIONS

YES	NO	SHADE ONE	TRAIL DIFFICULTY	SCORE
O	O	RECOMMEND OVERALL?		
O	O	WELL MANAGED?		
O	O	CHALLENGING?	1 TO 10	1 TO 10

DATE	LOCATION	DISTANCE

PASS NEEDED	
DAILY PASS	NATIONAL PARK
LANDOWNER	ORGANIZATION
MEMBERSHIP	PARK PERMIT

GROUP OR ORGANIZATION

CHECKLIST	
O TIRE PRESSURES & SPARE(S)	O ALL FLUIDS
O BELTS & HOSES	O BRAKE PADS & SHOES
O ALL BOLTS & LUG NUTS	O SHOCKS & MOUNTS
O WINCH & BATTERIES	O ALL SPARE GAS TANKS
O ASSORTED TOOLS	O FORDING DEPTHS & ANGLES

TRAIL CONDITIONS

OBSERVATIONS

CONCLUSIONS			
YES	NO	SHADE ONE	TRAIL DIFFICULTY	SCORE
O	O	RECOMMEND OVERALL?		
O	O	WELL MANAGED?		
O	O	CHALLENGING?	1 TO 10	1 TO 10

DATE	LOCATION	DISTANCE

PASS NEEDED	
DAILY PASS	NATIONAL PARK
LANDOWNER	ORGANIZATION
MEMBERSHIP	PARK PERMIT

GROUP OR ORGANIZATION

CHECKLIST	
○ TIRE PRESSURES & SPARE(S)	○ ALL FLUIDS
○ BELTS & HOSES	○ BRAKE PADS & SHOES
○ ALL BOLTS & LUG NUTS	○ SHOCKS & MOUNTS
○ WINCH & BATTERIES	○ ALL SPARE GAS TANKS
○ ASSORTED TOOLS	○ FORDING DEPTHS & ANGLES

TRAIL CONDITIONS

OBSERVATIONS

CONCLUSIONS				
YES	NO	SHADE ONE	TRAIL DIFFICULTY	SCORE
○	○	RECOMMEND OVERALL?		
○	○	WELL MANAGED?		
○	○	CHALLENGING?	1 TO 10	1 TO 10

DATE	LOCATION	DISTANCE

PASS NEEDED

DAILY PASS	NATIONAL PARK
LANDOWNER	ORGANIZATION
MEMBERSHIP	PARK PERMIT

GROUP OR ORGANIZATION

CHECKLIST

O TIRE PRESSURES & SPARE(S)	O ALL FLUIDS
O BELTS & HOSES	O BRAKE PADS & SHOES
O ALL BOLTS & LUG NUTS	O SHOCKS & MOUNTS
O WINCH & BATTERIES	O ALL SPARE GAS TANKS
O ASSORTED TOOLS	O FORDING DEPTHS & ANGLES

TRAIL CONDITIONS

OBSERVATIONS

CONCLUSIONS

YES	NO	SHADE ONE	TRAIL DIFFICULTY	SCORE
O	O	RECOMMEND OVERALL?		
O	O	WELL MANAGED?		
O	O	CHALLENGING?	1 TO 10	1 TO 10

DATE	LOCATION	DISTANCE

PASS NEEDED	
DAILY PASS	NATIONAL PARK
LANDOWNER	ORGANIZATION
MEMBERSHIP	PARK PERMIT

GROUP OR ORGANIZATION

CHECKLIST	
O TIRE PRESSURES & SPARE(S)	O ALL FLUIDS
O BELTS & HOSES	O BRAKE PADS & SHOES
O ALL BOLTS & LUG NUTS	O SHOCKS & MOUNTS
O WINCH & BATTERIES	O ALL SPARE GAS TANKS
O ASSORTED TOOLS	O FORDING DEPTHS & ANGLES

TRAIL CONDITIONS

OBSERVATIONS

CONCLUSIONS				
YES	NO	SHADE ONE	TRAIL DIFFICULTY	SCORE
O	O	RECOMMEND OVERALL?		
O	O	WELL MANAGED?		
O	O	CHALLENGING?	1 TO 10	1 TO 10

DATE	LOCATION	DISTANCE

PASS NEEDED	
DAILY PASS	NATIONAL PARK
LANDOWNER	ORGANIZATION
MEMBERSHIP	PARK PERMIT

GROUP OR ORGANIZATION

CHECKLIST	
O TIRE PRESSURES & SPARE(S)	O ALL FLUIDS
O BELTS & HOSES	O BRAKE PADS & SHOES
O ALL BOLTS & LUG NUTS	O SHOCKS & MOUNTS
O WINCH & BATTERIES	O ALL SPARE GAS TANKS
O ASSORTED TOOLS	O FORDING DEPTHS & ANGLES

TRAIL CONDITIONS

OBSERVATIONS

CONCLUSIONS				
YES	NO	SHADE ONE	TRAIL DIFFICULTY	SCORE
O	O	RECOMMEND OVERALL?		
O	O	WELL MANAGED?		
O	O	CHALLENGING?	1 TO 10	1 TO 10

DATE	LOCATION	DISTANCE

PASS NEEDED	
DAILY PASS	NATIONAL PARK
LANDOWNER	ORGANIZATION
MEMBERSHIP	PARK PERMIT

GROUP OR ORGANIZATION

CHECKLIST	
O TIRE PRESSURES & SPARE(S)	O ALL FLUIDS
O BELTS & HOSES	O BRAKE PADS & SHOES
O ALL BOLTS & LUG NUTS	O SHOCKS & MOUNTS
O WINCH & BATTERIES	O ALL SPARE GAS TANKS
O ASSORTED TOOLS	O FORDING DEPTHS & ANGLES

TRAIL CONDITIONS

OBSERVATIONS

CONCLUSIONS				
YES	NO	SHADE ONE	TRAIL DIFFICULTY	SCORE
O	O	RECOMMEND OVERALL?		
O	O	WELL MANAGED?		
O	O	CHALLENGING?	1 TO 10	1 TO 10

DATE	LOCATION	DISTANCE

PASS NEEDED

DAILY PASS	NATIONAL PARK
LANDOWNER	ORGANIZATION
MEMBERSHIP	PARK PERMIT

GROUP OR ORGANIZATION

CHECKLIST

O TIRE PRESSURES & SPARE(S)	O ALL FLUIDS
O BELTS & HOSES	O BRAKE PADS & SHOES
O ALL BOLTS & LUG NUTS	O SHOCKS & MOUNTS
O WINCH & BATTERIES	O ALL SPARE GAS TANKS
O ASSORTED TOOLS	O FORDING DEPTHS & ANGLES

TRAIL CONDITIONS

OBSERVATIONS

CONCLUSIONS

YES	NO	SHADE ONE	TRAIL DIFFICULTY	SCORE
O	O	RECOMMEND OVERALL?		
O	O	WELL MANAGED?		
O	O	CHALLENGING?	1 TO 10	1 TO 10

DATE	LOCATION	DISTANCE

PASS NEEDED

DAILY PASS	NATIONAL PARK
LANDOWNER	ORGANIZATION
MEMBERSHIP	PARK PERMIT

GROUP OR ORGANIZATION

CHECKLIST

O TIRE PRESSURES & SPARE(S)	O ALL FLUIDS
O BELTS & HOSES	O BRAKE PADS & SHOES
O ALL BOLTS & LUG NUTS	O SHOCKS & MOUNTS
O WINCH & BATTERIES	O ALL SPARE GAS TANKS
O ASSORTED TOOLS	O FORDING DEPTHS & ANGLES

TRAIL CONDITIONS

OBSERVATIONS

CONCLUSIONS

YES	NO	SHADE ONE	TRAIL DIFFICULTY	SCORE
O	O	RECOMMEND OVERALL?		
O	O	WELL MANAGED?		
O	O	CHALLENGING?	1 TO 10	1 TO 10

DATE	LOCATION	DISTANCE

PASS NEEDED	
DAILY PASS	NATIONAL PARK
LANDOWNER	ORGANIZATION
MEMBERSHIP	PARK PERMIT

GROUP OR ORGANIZATION

CHECKLIST	
O TIRE PRESSURES & SPARE(S)	O ALL FLUIDS
O BELTS & HOSES	O BRAKE PADS & SHOES
O ALL BOLTS & LUG NUTS	O SHOCKS & MOUNTS
O WINCH & BATTERIES	O ALL SPARE GAS TANKS
O ASSORTED TOOLS	O FORDING DEPTHS & ANGLES

TRAIL CONDITIONS

OBSERVATIONS

CONCLUSIONS				
YES	NO	SHADE ONE	TRAIL DIFFICULTY	SCORE
O	O	RECOMMEND OVERALL?		
O	O	WELL MANAGED?		
O	O	CHALLENGING?	1 TO 10	1 TO 10

DATE	LOCATION	DISTANCE

PASS NEEDED	
DAILY PASS	NATIONAL PARK
LANDOWNER	ORGANIZATION
MEMBERSHIP	PARK PERMIT

GROUP OR ORGANIZATION

CHECKLIST	
O TIRE PRESSURES & SPARE(S)	O ALL FLUIDS
O BELTS & HOSES	O BRAKE PADS & SHOES
O ALL BOLTS & LUG NUTS	O SHOCKS & MOUNTS
O WINCH & BATTERIES	O ALL SPARE GAS TANKS
O ASSORTED TOOLS	O FORDING DEPTHS & ANGLES

TRAIL CONDITIONS

OBSERVATIONS

CONCLUSIONS				
YES	NO	SHADE ONE	TRAIL DIFFICULTY	SCORE
O	O	RECOMMEND OVERALL?		
O	O	WELL MANAGED?		
O	O	CHALLENGING?	1 TO 10	1 TO 10

DATE	LOCATION	DISTANCE

PASS NEEDED

DAILY PASS	NATIONAL PARK
LANDOWNER	ORGANIZATION
MEMBERSHIP	PARK PERMIT

GROUP OR ORGANIZATION

CHECKLIST

O TIRE PRESSURES & SPARE(S)	O ALL FLUIDS
O BELTS & HOSES	O BRAKE PADS & SHOES
O ALL BOLTS & LUG NUTS	O SHOCKS & MOUNTS
O WINCH & BATTERIES	O ALL SPARE GAS TANKS
O ASSORTED TOOLS	O FORDING DEPTHS & ANGLES

TRAIL CONDITIONS

OBSERVATIONS

CONCLUSIONS

YES	NO	SHADE ONE	TRAIL DIFFICULTY	SCORE
O	O	RECOMMEND OVERALL?		
O	O	WELL MANAGED?		
O	O	CHALLENGING?	1 TO 10	1 TO 10

DATE	LOCATION	DISTANCE

PASS NEEDED	
DAILY PASS	NATIONAL PARK
LANDOWNER	ORGANIZATION
MEMBERSHIP	PARK PERMIT

GROUP OR ORGANIZATION

CHECKLIST	
O TIRE PRESSURES & SPARE(S)	O ALL FLUIDS
O BELTS & HOSES	O BRAKE PADS & SHOES
O ALL BOLTS & LUG NUTS	O SHOCKS & MOUNTS
O WINCH & BATTERIES	O ALL SPARE GAS TANKS
O ASSORTED TOOLS	O FORDING DEPTHS & ANGLES

TRAIL CONDITIONS

OBSERVATIONS

CONCLUSIONS				
YES	NO	SHADE ONE	TRAIL DIFFICULTY	SCORE
O	O	RECOMMEND OVERALL?		
O	O	WELL MANAGED?		
O	O	CHALLENGING?	1 TO 10	1 TO 10

DATE	LOCATION	DISTANCE

PASS NEEDED	
DAILY PASS	NATIONAL PARK
LANDOWNER	ORGANIZATION
MEMBERSHIP	PARK PERMIT

GROUP OR ORGANIZATION

CHECKLIST	
O TIRE PRESSURES & SPARE(S)	O ALL FLUIDS
O BELTS & HOSES	O BRAKE PADS & SHOES
O ALL BOLTS & LUG NUTS	O SHOCKS & MOUNTS
O WINCH & BATTERIES	O ALL SPARE GAS TANKS
O ASSORTED TOOLS	O FORDING DEPTHS & ANGLES

TRAIL CONDITIONS

OBSERVATIONS

CONCLUSIONS				
YES	NO	SHADE ONE	TRAIL DIFFICULTY	SCORE
O	O	RECOMMEND OVERALL?		
O	O	WELL MANAGED?		
O	O	CHALLENGING?	1 TO 10	1 TO 10

DATE	LOCATION	DISTANCE

PASS NEEDED

DAILY PASS	NATIONAL PARK
LANDOWNER	ORGANIZATION
MEMBERSHIP	PARK PERMIT

GROUP OR ORGANIZATION

CHECKLIST

O TIRE PRESSURES & SPARE(S)	O ALL FLUIDS
O BELTS & HOSES	O BRAKE PADS & SHOES
O ALL BOLTS & LUG NUTS	O SHOCKS & MOUNTS
O WINCH & BATTERIES	O ALL SPARE GAS TANKS
O ASSORTED TOOLS	O FORDING DEPTHS & ANGLES

TRAIL CONDITIONS

OBSERVATIONS

CONCLUSIONS

YES	NO	SHADE ONE	TRAIL DIFFICULTY	SCORE
O	O	RECOMMEND OVERALL?		
O	O	WELL MANAGED?		
O	O	CHALLENGING?	1 TO 10	1 TO 10

DATE	LOCATION	DISTANCE

PASS NEEDED	
DAILY PASS	NATIONAL PARK
LANDOWNER	ORGANIZATION
MEMBERSHIP	PARK PERMIT

GROUP OR ORGANIZATION

CHECKLIST	
O TIRE PRESSURES & SPARE(S)	O ALL FLUIDS
O BELTS & HOSES	O BRAKE PADS & SHOES
O ALL BOLTS & LUG NUTS	O SHOCKS & MOUNTS
O WINCH & BATTERIES	O ALL SPARE GAS TANKS
O ASSORTED TOOLS	O FORDING DEPTHS & ANGLES

TRAIL CONDITIONS

OBSERVATIONS

CONCLUSIONS				
YES	NO	SHADE ONE	TRAIL DIFFICULTY	SCORE
O	O	RECOMMEND OVERALL?		
O	O	WELL MANAGED?		
O	O	CHALLENGING?	1 TO 10	1 TO 10

DATE	LOCATION	DISTANCE

PASS NEEDED

DAILY PASS	NATIONAL PARK
LANDOWNER	ORGANIZATION
MEMBERSHIP	PARK PERMIT

GROUP OR ORGANIZATION

CHECKLIST

O TIRE PRESSURES & SPARE(S)	O ALL FLUIDS
O BELTS & HOSES	O BRAKE PADS & SHOES
O ALL BOLTS & LUG NUTS	O SHOCKS & MOUNTS
O WINCH & BATTERIES	O ALL SPARE GAS TANKS
O ASSORTED TOOLS	O FORDING DEPTHS & ANGLES

TRAIL CONDITIONS

OBSERVATIONS

CONCLUSIONS

YES	NO	SHADE ONE	TRAIL DIFFICULTY	SCORE
O	O	RECOMMEND OVERALL?		
O	O	WELL MANAGED?		
O	O	CHALLENGING?	1 TO 10	1 TO 10

DATE	LOCATION	DISTANCE

PASS NEEDED

DAILY PASS	NATIONAL PARK
LANDOWNER	ORGANIZATION
MEMBERSHIP	PARK PERMIT

GROUP OR ORGANIZATION

CHECKLIST

O TIRE PRESSURES & SPARE(S)	O ALL FLUIDS
O BELTS & HOSES	O BRAKE PADS & SHOES
O ALL BOLTS & LUG NUTS	O SHOCKS & MOUNTS
O WINCH & BATTERIES	O ALL SPARE GAS TANKS
O ASSORTED TOOLS	O FORDING DEPTHS & ANGLES

TRAIL CONDITIONS

OBSERVATIONS

CONCLUSIONS

YES	NO	SHADE ONE	TRAIL DIFFICULTY	SCORE
O	O	RECOMMEND OVERALL?		
O	O	WELL MANAGED?		
O	O	CHALLENGING?	1 TO 10	1 TO 10

DATE	LOCATION	DISTANCE

PASS NEEDED	
DAILY PASS	NATIONAL PARK
LANDOWNER	ORGANIZATION
MEMBERSHIP	PARK PERMIT

GROUP OR ORGANIZATION

CHECKLIST	
O TIRE PRESSURES & SPARE(S)	O ALL FLUIDS
O BELTS & HOSES	O BRAKE PADS & SHOES
O ALL BOLTS & LUG NUTS	O SHOCKS & MOUNTS
O WINCH & BATTERIES	O ALL SPARE GAS TANKS
O ASSORTED TOOLS	O FORDING DEPTHS & ANGLES

TRAIL CONDITIONS

OBSERVATIONS

CONCLUSIONS				
YES	NO	SHADE ONE	TRAIL DIFFICULTY	SCORE
O	O	RECOMMEND OVERALL?		
O	O	WELL MANAGED?		
O	O	CHALLENGING?	1 TO 10	1 TO 10

DATE	LOCATION	DISTANCE

PASS NEEDED	
DAILY PASS	NATIONAL PARK
LANDOWNER	ORGANIZATION
MEMBERSHIP	PARK PERMIT

GROUP OR ORGANIZATION

CHECKLIST

O TIRE PRESSURES & SPARE(S)	O ALL FLUIDS
O BELTS & HOSES	O BRAKE PADS & SHOES
O ALL BOLTS & LUG NUTS	O SHOCKS & MOUNTS
O WINCH & BATTERIES	O ALL SPARE GAS TANKS
O ASSORTED TOOLS	O FORDING DEPTHS & ANGLES

TRAIL CONDITIONS

OBSERVATIONS

CONCLUSIONS

YES	NO	SHADE ONE	TRAIL DIFFICULTY	SCORE
O	O	RECOMMEND OVERALL?		
O	O	WELL MANAGED?		
O	O	CHALLENGING?	1 TO 10	1 TO 10

DATE	LOCATION	DISTANCE

PASS NEEDED	
DAILY PASS	NATIONAL PARK
LANDOWNER	ORGANIZATION
MEMBERSHIP	PARK PERMIT

GROUP OR ORGANIZATION

CHECKLIST	
O TIRE PRESSURES & SPARE(S)	O ALL FLUIDS
O BELTS & HOSES	O BRAKE PADS & SHOES
O ALL BOLTS & LUG NUTS	O SHOCKS & MOUNTS
O WINCH & BATTERIES	O ALL SPARE GAS TANKS
O ASSORTED TOOLS	O FORDING DEPTHS & ANGLES

TRAIL CONDITIONS

OBSERVATIONS

CONCLUSIONS				
YES	NO	SHADE ONE	TRAIL DIFFICULTY	SCORE
O	O	RECOMMEND OVERALL?		
O	O	WELL MANAGED?		
O	O	CHALLENGING?	1 TO 10	1 TO 10

DATE	LOCATION	DISTANCE

PASS NEEDED	
DAILY PASS	NATIONAL PARK
LANDOWNER	ORGANIZATION
MEMBERSHIP	PARK PERMIT

GROUP OR ORGANIZATION

CHECKLIST	
O TIRE PRESSURES & SPARE(S)	O ALL FLUIDS
O BELTS & HOSES	O BRAKE PADS & SHOES
O ALL BOLTS & LUG NUTS	O SHOCKS & MOUNTS
O WINCH & BATTERIES	O ALL SPARE GAS TANKS
O ASSORTED TOOLS	O FORDING DEPTHS & ANGLES

TRAIL CONDITIONS

OBSERVATIONS

CONCLUSIONS				
YES	NO	SHADE ONE	TRAIL DIFFICULTY	SCORE
O	O	RECOMMEND OVERALL?		
O	O	WELL MANAGED?		
O	O	CHALLENGING?	1 TO 10	1 TO 10

DATE	LOCATION	DISTANCE

PASS NEEDED	
DAILY PASS	NATIONAL PARK
LANDOWNER	ORGANIZATION
MEMBERSHIP	PARK PERMIT

GROUP OR ORGANIZATION

CHECKLIST	
O TIRE PRESSURES & SPARE(S)	O ALL FLUIDS
O BELTS & HOSES	O BRAKE PADS & SHOES
O ALL BOLTS & LUG NUTS	O SHOCKS & MOUNTS
O WINCH & BATTERIES	O ALL SPARE GAS TANKS
O ASSORTED TOOLS	O FORDING DEPTHS & ANGLES

TRAIL CONDITIONS

OBSERVATIONS

CONCLUSIONS			
YES	NO	SHADE ONE	TRAIL DIFFICULTY	SCORE
O	O	RECOMMEND OVERALL?		
O	O	WELL MANAGED?		
O	O	CHALLENGING?	1 TO 10	1 TO 10

DATE	LOCATION	DISTANCE

PASS NEEDED	
DAILY PASS	NATIONAL PARK
LANDOWNER	ORGANIZATION
MEMBERSHIP	PARK PERMIT

GROUP OR ORGANIZATION

CHECKLIST	
O TIRE PRESSURES & SPARE(S)	O ALL FLUIDS
O BELTS & HOSES	O BRAKE PADS & SHOES
O ALL BOLTS & LUG NUTS	O SHOCKS & MOUNTS
O WINCH & BATTERIES	O ALL SPARE GAS TANKS
O ASSORTED TOOLS	O FORDING DEPTHS & ANGLES

TRAIL CONDITIONS

OBSERVATIONS

CONCLUSIONS				
YES	NO	SHADE ONE	TRAIL DIFFICULTY	SCORE
O	O	RECOMMEND OVERALL?		
O	O	WELL MANAGED?		
O	O	CHALLENGING?	1 TO 10	1 TO 10

DATE	LOCATION	DISTANCE

PASS NEEDED	
DAILY PASS	NATIONAL PARK
LANDOWNER	ORGANIZATION
MEMBERSHIP	PARK PERMIT

GROUP OR ORGANIZATION

CHECKLIST	
O TIRE PRESSURES & SPARE(S)	O ALL FLUIDS
O BELTS & HOSES	O BRAKE PADS & SHOES
O ALL BOLTS & LUG NUTS	O SHOCKS & MOUNTS
O WINCH & BATTERIES	O ALL SPARE GAS TANKS
O ASSORTED TOOLS	O FORDING DEPTHS & ANGLES

TRAIL CONDITIONS

OBSERVATIONS

CONCLUSIONS				
YES	NO	SHADE ONE	TRAIL DIFFICULTY	SCORE
O	O	RECOMMEND OVERALL?		
O	O	WELL MANAGED?		
O	O	CHALLENGING?	1 TO 10	1 TO 10

DATE	LOCATION	DISTANCE

PASS NEEDED	
DAILY PASS	NATIONAL PARK
LANDOWNER	ORGANIZATION
MEMBERSHIP	PARK PERMIT

GROUP OR ORGANIZATION

CHECKLIST	
O TIRE PRESSURES & SPARE(S)	O ALL FLUIDS
O BELTS & HOSES	O BRAKE PADS & SHOES
O ALL BOLTS & LUG NUTS	O SHOCKS & MOUNTS
O WINCH & BATTERIES	O ALL SPARE GAS TANKS
O ASSORTED TOOLS	O FORDING DEPTHS & ANGLES

TRAIL CONDITIONS

OBSERVATIONS

CONCLUSIONS				
YES	NO	SHADE ONE	TRAIL DIFFICULTY	SCORE
O	O	RECOMMEND OVERALL?		
O	O	WELL MANAGED?		
O	O	CHALLENGING?	1 TO 10	1 TO 10

DATE	LOCATION	DISTANCE

PASS NEEDED	
DAILY PASS	NATIONAL PARK
LANDOWNER	ORGANIZATION
MEMBERSHIP	PARK PERMIT

GROUP OR ORGANIZATION

CHECKLIST	
O TIRE PRESSURES & SPARE(S)	O ALL FLUIDS
O BELTS & HOSES	O BRAKE PADS & SHOES
O ALL BOLTS & LUG NUTS	O SHOCKS & MOUNTS
O WINCH & BATTERIES	O ALL SPARE GAS TANKS
O ASSORTED TOOLS	O FORDING DEPTHS & ANGLES

TRAIL CONDITIONS

OBSERVATIONS

CONCLUSIONS				
YES	NO	SHADE ONE	TRAIL DIFFICULTY	SCORE
O	O	RECOMMEND OVERALL?		
O	O	WELL MANAGED?		
O	O	CHALLENGING?	1 TO 10	1 TO 10

DATE	LOCATION	DISTANCE

PASS NEEDED	
DAILY PASS	NATIONAL PARK
LANDOWNER	ORGANIZATION
MEMBERSHIP	PARK PERMIT

GROUP OR ORGANIZATION

CHECKLIST	
O TIRE PRESSURES & SPARE(S)	O ALL FLUIDS
O BELTS & HOSES	O BRAKE PADS & SHOES
O ALL BOLTS & LUG NUTS	O SHOCKS & MOUNTS
O WINCH & BATTERIES	O ALL SPARE GAS TANKS
O ASSORTED TOOLS	O FORDING DEPTHS & ANGLES

TRAIL CONDITIONS

OBSERVATIONS

CONCLUSIONS				
YES	NO	SHADE ONE	TRAIL DIFFICULTY	SCORE
O	O	RECOMMEND OVERALL?		
O	O	WELL MANAGED?		
O	O	CHALLENGING?	1 TO 10	1 TO 10

DATE	LOCATION	DISTANCE

PASS NEEDED

DAILY PASS	NATIONAL PARK
LANDOWNER	ORGANIZATION
MEMBERSHIP	PARK PERMIT

GROUP OR ORGANIZATION

CHECKLIST

O TIRE PRESSURES & SPARE(S)	O ALL FLUIDS
O BELTS & HOSES	O BRAKE PADS & SHOES
O ALL BOLTS & LUG NUTS	O SHOCKS & MOUNTS
O WINCH & BATTERIES	O ALL SPARE GAS TANKS
O ASSORTED TOOLS	O FORDING DEPTHS & ANGLES

TRAIL CONDITIONS

OBSERVATIONS

CONCLUSIONS

YES	NO	SHADE ONE	TRAIL DIFFICULTY	SCORE
O	O	RECOMMEND OVERALL?		
O	O	WELL MANAGED?		
O	O	CHALLENGING?	1 TO 10	1 TO 10

DATE	LOCATION	DISTANCE

PASS NEEDED	
DAILY PASS	NATIONAL PARK
LANDOWNER	ORGANIZATION
MEMBERSHIP	PARK PERMIT

GROUP OR ORGANIZATION

CHECKLIST	
O TIRE PRESSURES & SPARE(S)	O ALL FLUIDS
O BELTS & HOSES	O BRAKE PADS & SHOES
O ALL BOLTS & LUG NUTS	O SHOCKS & MOUNTS
O WINCH & BATTERIES	O ALL SPARE GAS TANKS
O ASSORTED TOOLS	O FORDING DEPTHS & ANGLES

TRAIL CONDITIONS

OBSERVATIONS

CONCLUSIONS				
YES	NO	SHADE ONE	TRAIL DIFFICULTY	SCORE
O	O	RECOMMEND OVERALL?		
O	O	WELL MANAGED?		
O	O	CHALLENGING?	1 TO 10	1 TO 10

DATE	LOCATION	DISTANCE

PASS NEEDED

DAILY PASS	NATIONAL PARK
LANDOWNER	ORGANIZATION
MEMBERSHIP	PARK PERMIT

GROUP OR ORGANIZATION

CHECKLIST

O TIRE PRESSURES & SPARE(S)	O ALL FLUIDS
O BELTS & HOSES	O BRAKE PADS & SHOES
O ALL BOLTS & LUG NUTS	O SHOCKS & MOUNTS
O WINCH & BATTERIES	O ALL SPARE GAS TANKS
O ASSORTED TOOLS	O FORDING DEPTHS & ANGLES

TRAIL CONDITIONS

OBSERVATIONS

CONCLUSIONS

YES	NO	SHADE ONE	TRAIL DIFFICULTY	SCORE
O	O	RECOMMEND OVERALL?		
O	O	WELL MANAGED?		
O	O	CHALLENGING?	1 TO 10	1 TO 10

DATE	LOCATION	DISTANCE

PASS NEEDED	
DAILY PASS	NATIONAL PARK
LANDOWNER	ORGANIZATION
MEMBERSHIP	PARK PERMIT

GROUP OR ORGANIZATION

CHECKLIST	
O TIRE PRESSURES & SPARE(S)	O ALL FLUIDS
O BELTS & HOSES	O BRAKE PADS & SHOES
O ALL BOLTS & LUG NUTS	O SHOCKS & MOUNTS
O WINCH & BATTERIES	O ALL SPARE GAS TANKS
O ASSORTED TOOLS	O FORDING DEPTHS & ANGLES

TRAIL CONDITIONS

OBSERVATIONS

CONCLUSIONS				
YES	NO	SHADE ONE	TRAIL DIFFICULTY	SCORE
O	O	RECOMMEND OVERALL?		
O	O	WELL MANAGED?		
O	O	CHALLENGING?	1 TO 10	1 TO 10

DATE	LOCATION	DISTANCE

PASS NEEDED	
DAILY PASS	NATIONAL PARK
LANDOWNER	ORGANIZATION
MEMBERSHIP	PARK PERMIT

GROUP OR ORGANIZATION

CHECKLIST	
O TIRE PRESSURES & SPARE(S)	O ALL FLUIDS
O BELTS & HOSES	O BRAKE PADS & SHOES
O ALL BOLTS & LUG NUTS	O SHOCKS & MOUNTS
O WINCH & BATTERIES	O ALL SPARE GAS TANKS
O ASSORTED TOOLS	O FORDING DEPTHS & ANGLES

TRAIL CONDITIONS

OBSERVATIONS

CONCLUSIONS				
YES	NO	SHADE ONE	TRAIL DIFFICULTY	SCORE
O	O	RECOMMEND OVERALL?		
O	O	WELL MANAGED?		
O	O	CHALLENGING?	1 TO 10	1 TO 10

DATE	LOCATION	DISTANCE

PASS NEEDED	
DAILY PASS	NATIONAL PARK
LANDOWNER	ORGANIZATION
MEMBERSHIP	PARK PERMIT

GROUP OR ORGANIZATION

CHECKLIST	
O TIRE PRESSURES & SPARE(S)	O ALL FLUIDS
O BELTS & HOSES	O BRAKE PADS & SHOES
O ALL BOLTS & LUG NUTS	O SHOCKS & MOUNTS
O WINCH & BATTERIES	O ALL SPARE GAS TANKS
O ASSORTED TOOLS	O FORDING DEPTHS & ANGLES

TRAIL CONDITIONS

OBSERVATIONS

CONCLUSIONS				
YES	NO	SHADE ONE	TRAIL DIFFICULTY	SCORE
O	O	RECOMMEND OVERALL?		
O	O	WELL MANAGED?		
O	O	CHALLENGING?	1 TO 10	1 TO 10

DATE	LOCATION	DISTANCE

PASS NEEDED

DAILY PASS	NATIONAL PARK
LANDOWNER	ORGANIZATION
MEMBERSHIP	PARK PERMIT

GROUP OR ORGANIZATION

CHECKLIST

O TIRE PRESSURES & SPARE(S)	O ALL FLUIDS
O BELTS & HOSES	O BRAKE PADS & SHOES
O ALL BOLTS & LUG NUTS	O SHOCKS & MOUNTS
O WINCH & BATTERIES	O ALL SPARE GAS TANKS
O ASSORTED TOOLS	O FORDING DEPTHS & ANGLES

TRAIL CONDITIONS

OBSERVATIONS

CONCLUSIONS

YES	NO	SHADE ONE	TRAIL DIFFICULTY	SCORE
O	O	RECOMMEND OVERALL?		
O	O	WELL MANAGED?		
O	O	CHALLENGING?	1 TO 10	1 TO 10

DATE	LOCATION	DISTANCE

PASS NEEDED	
DAILY PASS	NATIONAL PARK
LANDOWNER	ORGANIZATION
MEMBERSHIP	PARK PERMIT

GROUP OR ORGANIZATION

CHECKLIST	
O TIRE PRESSURES & SPARE(S)	O ALL FLUIDS
O BELTS & HOSES	O BRAKE PADS & SHOES
O ALL BOLTS & LUG NUTS	O SHOCKS & MOUNTS
O WINCH & BATTERIES	O ALL SPARE GAS TANKS
O ASSORTED TOOLS	O FORDING DEPTHS & ANGLES

TRAIL CONDITIONS

OBSERVATIONS

CONCLUSIONS				
YES	NO	SHADE ONE	TRAIL DIFFICULTY	SCORE
O	O	RECOMMEND OVERALL?		
O	O	WELL MANAGED?		
O	O	CHALLENGING?	1 TO 10	1 TO 10

DATE	LOCATION	DISTANCE

PASS NEEDED

DAILY PASS	NATIONAL PARK
LANDOWNER	ORGANIZATION
MEMBERSHIP	PARK PERMIT

GROUP OR ORGANIZATION

CHECKLIST

O TIRE PRESSURES & SPARE(S)	O ALL FLUIDS
O BELTS & HOSES	O BRAKE PADS & SHOES
O ALL BOLTS & LUG NUTS	O SHOCKS & MOUNTS
O WINCH & BATTERIES	O ALL SPARE GAS TANKS
O ASSORTED TOOLS	O FORDING DEPTHS & ANGLES

TRAIL CONDITIONS

OBSERVATIONS

CONCLUSIONS

YES	NO	SHADE ONE	TRAIL DIFFICULTY	SCORE
O	O	RECOMMEND OVERALL?		
O	O	WELL MANAGED?		
O	O	CHALLENGING?	1 TO 10	1 TO 10

DATE	LOCATION	DISTANCE

PASS NEEDED

DAILY PASS	NATIONAL PARK
LANDOWNER	ORGANIZATION
MEMBERSHIP	PARK PERMIT

GROUP OR ORGANIZATION

CHECKLIST

O TIRE PRESSURES & SPARE(S)	O ALL FLUIDS
O BELTS & HOSES	O BRAKE PADS & SHOES
O ALL BOLTS & LUG NUTS	O SHOCKS & MOUNTS
O WINCH & BATTERIES	O ALL SPARE GAS TANKS
O ASSORTED TOOLS	O FORDING DEPTHS & ANGLES

TRAIL CONDITIONS

OBSERVATIONS

CONCLUSIONS

YES	NO	SHADE ONE	TRAIL DIFFICULTY	SCORE
O	O	RECOMMEND OVERALL?		
O	O	WELL MANAGED?		
O	O	CHALLENGING?	1 TO 10	1 TO 10

DATE	LOCATION	DISTANCE

PASS NEEDED

DAILY PASS	NATIONAL PARK
LANDOWNER	ORGANIZATION
MEMBERSHIP	PARK PERMIT

GROUP OR ORGANIZATION

CHECKLIST

O TIRE PRESSURES & SPARE(S)	O ALL FLUIDS
O BELTS & HOSES	O BRAKE PADS & SHOES
O ALL BOLTS & LUG NUTS	O SHOCKS & MOUNTS
O WINCH & BATTERIES	O ALL SPARE GAS TANKS
O ASSORTED TOOLS	O FORDING DEPTHS & ANGLES

TRAIL CONDITIONS

OBSERVATIONS

CONCLUSIONS

YES	NO	SHADE ONE	TRAIL DIFFICULTY	SCORE
O	O	RECOMMEND OVERALL?		
O	O	WELL MANAGED?		
O	O	CHALLENGING?	1 TO 10	1 TO 10

DATE	LOCATION	DISTANCE

PASS NEEDED

DAILY PASS	NATIONAL PARK
LANDOWNER	ORGANIZATION
MEMBERSHIP	PARK PERMIT

GROUP OR ORGANIZATION

CHECKLIST

O TIRE PRESSURES & SPARE(S)	O ALL FLUIDS
O BELTS & HOSES	O BRAKE PADS & SHOES
O ALL BOLTS & LUG NUTS	O SHOCKS & MOUNTS
O WINCH & BATTERIES	O ALL SPARE GAS TANKS
O ASSORTED TOOLS	O FORDING DEPTHS & ANGLES

TRAIL CONDITIONS

OBSERVATIONS

CONCLUSIONS

YES	NO	SHADE ONE	TRAIL DIFFICULTY	SCORE
O	O	RECOMMEND OVERALL?		
O	O	WELL MANAGED?		
O	O	CHALLENGING?	1 TO 10	1 TO 10

DATE	LOCATION	DISTANCE

PASS NEEDED

DAILY PASS	NATIONAL PARK
LANDOWNER	ORGANIZATION
MEMBERSHIP	PARK PERMIT

GROUP OR ORGANIZATION

CHECKLIST

O TIRE PRESSURES & SPARE(S)	O ALL FLUIDS
O BELTS & HOSES	O BRAKE PADS & SHOES
O ALL BOLTS & LUG NUTS	O SHOCKS & MOUNTS
O WINCH & BATTERIES	O ALL SPARE GAS TANKS
O ASSORTED TOOLS	O FORDING DEPTHS & ANGLES

TRAIL CONDITIONS

OBSERVATIONS

CONCLUSIONS

YES	NO	SHADE ONE	TRAIL DIFFICULTY	SCORE
O	O	RECOMMEND OVERALL?		
O	O	WELL MANAGED?		
O	O	CHALLENGING?	1 TO 10	1 TO 10

DATE	LOCATION	DISTANCE

PASS NEEDED	
DAILY PASS	NATIONAL PARK
LANDOWNER	ORGANIZATION
MEMBERSHIP	PARK PERMIT

GROUP OR ORGANIZATION

CHECKLIST	
O TIRE PRESSURES & SPARE(S)	O ALL FLUIDS
O BELTS & HOSES	O BRAKE PADS & SHOES
O ALL BOLTS & LUG NUTS	O SHOCKS & MOUNTS
O WINCH & BATTERIES	O ALL SPARE GAS TANKS
O ASSORTED TOOLS	O FORDING DEPTHS & ANGLES

TRAIL CONDITIONS

OBSERVATIONS

CONCLUSIONS				
YES	NO	SHADE ONE	TRAIL DIFFICULTY	SCORE
O	O	RECOMMEND OVERALL?		
O	O	WELL MANAGED?		
O	O	CHALLENGING?	1 TO 10	1 TO 10

DATE	LOCATION	DISTANCE

PASS NEEDED	
DAILY PASS	NATIONAL PARK
LANDOWNER	ORGANIZATION
MEMBERSHIP	PARK PERMIT

GROUP OR ORGANIZATION

CHECKLIST	
○ TIRE PRESSURES & SPARE(S)	○ ALL FLUIDS
○ BELTS & HOSES	○ BRAKE PADS & SHOES
○ ALL BOLTS & LUG NUTS	○ SHOCKS & MOUNTS
○ WINCH & BATTERIES	○ ALL SPARE GAS TANKS
○ ASSORTED TOOLS	○ FORDING DEPTHS & ANGLES

TRAIL CONDITIONS

OBSERVATIONS

CONCLUSIONS				
YES	NO	SHADE ONE	TRAIL DIFFICULTY	SCORE
○	○	RECOMMEND OVERALL?		
○	○	WELL MANAGED?		
○	○	CHALLENGING?	1 TO 10	1 TO 10

DATE	LOCATION	DISTANCE

PASS NEEDED

DAILY PASS	NATIONAL PARK
LANDOWNER	ORGANIZATION
MEMBERSHIP	PARK PERMIT

GROUP OR ORGANIZATION

CHECKLIST

O TIRE PRESSURES & SPARE(S)	O ALL FLUIDS
O BELTS & HOSES	O BRAKE PADS & SHOES
O ALL BOLTS & LUG NUTS	O SHOCKS & MOUNTS
O WINCH & BATTERIES	O ALL SPARE GAS TANKS
O ASSORTED TOOLS	O FORDING DEPTHS & ANGLES

TRAIL CONDITIONS

OBSERVATIONS

CONCLUSIONS

YES	NO	SHADE ONE	TRAIL DIFFICULTY	SCORE
O	O	RECOMMEND OVERALL?		
O	O	WELL MANAGED?		
O	O	CHALLENGING?	1 TO 10	1 TO 10

DATE	LOCATION	DISTANCE

PASS NEEDED

DAILY PASS	NATIONAL PARK
LANDOWNER	ORGANIZATION
MEMBERSHIP	PARK PERMIT

GROUP OR ORGANIZATION

CHECKLIST

O TIRE PRESSURES & SPARE(S)	O ALL FLUIDS
O BELTS & HOSES	O BRAKE PADS & SHOES
O ALL BOLTS & LUG NUTS	O SHOCKS & MOUNTS
O WINCH & BATTERIES	O ALL SPARE GAS TANKS
O ASSORTED TOOLS	O FORDING DEPTHS & ANGLES

TRAIL CONDITIONS

OBSERVATIONS

CONCLUSIONS

YES	NO	SHADE ONE	TRAIL DIFFICULTY	SCORE
O	O	RECOMMEND OVERALL?		
O	O	WELL MANAGED?		
O	O	CHALLENGING?	1 TO 10	1 TO 10

DATE	LOCATION	DISTANCE

PASS NEEDED	
DAILY PASS	NATIONAL PARK
LANDOWNER	ORGANIZATION
MEMBERSHIP	PARK PERMIT

GROUP OR ORGANIZATION

CHECKLIST	
O TIRE PRESSURES & SPARE(S)	O ALL FLUIDS
O BELTS & HOSES	O BRAKE PADS & SHOES
O ALL BOLTS & LUG NUTS	O SHOCKS & MOUNTS
O WINCH & BATTERIES	O ALL SPARE GAS TANKS
O ASSORTED TOOLS	O FORDING DEPTHS & ANGLES

TRAIL CONDITIONS

OBSERVATIONS

CONCLUSIONS				
YES	NO	SHADE ONE	TRAIL DIFFICULTY	SCORE
O	O	RECOMMEND OVERALL?		
O	O	WELL MANAGED?		
O	O	CHALLENGING?	1 TO 10	1 TO 10

DATE	LOCATION	DISTANCE

PASS NEEDED

DAILY PASS	NATIONAL PARK
LANDOWNER	ORGANIZATION
MEMBERSHIP	PARK PERMIT

GROUP OR ORGANIZATION

CHECKLIST

O TIRE PRESSURES & SPARE(S)	O ALL FLUIDS
O BELTS & HOSES	O BRAKE PADS & SHOES
O ALL BOLTS & LUG NUTS	O SHOCKS & MOUNTS
O WINCH & BATTERIES	O ALL SPARE GAS TANKS
O ASSORTED TOOLS	O FORDING DEPTHS & ANGLES

TRAIL CONDITIONS

OBSERVATIONS

CONCLUSIONS

YES	NO	SHADE ONE	TRAIL DIFFICULTY	SCORE
O	O	RECOMMEND OVERALL?		
O	O	WELL MANAGED?		
O	O	CHALLENGING?	1 TO 10	1 TO 10

DATE	LOCATION	DISTANCE

PASS NEEDED

DAILY PASS	NATIONAL PARK
LANDOWNER	ORGANIZATION
MEMBERSHIP	PARK PERMIT

GROUP OR ORGANIZATION

CHECKLIST

O TIRE PRESSURES & SPARE(S)	O ALL FLUIDS
O BELTS & HOSES	O BRAKE PADS & SHOES
O ALL BOLTS & LUG NUTS	O SHOCKS & MOUNTS
O WINCH & BATTERIES	O ALL SPARE GAS TANKS
O ASSORTED TOOLS	O FORDING DEPTHS & ANGLES

TRAIL CONDITIONS

OBSERVATIONS

CONCLUSIONS

YES	NO	SHADE ONE	TRAIL DIFFICULTY	SCORE
O	O	RECOMMEND OVERALL?		
O	O	WELL MANAGED?		
O	O	CHALLENGING?	1 TO 10	1 TO 10

DATE	LOCATION	DISTANCE

PASS NEEDED	
DAILY PASS	NATIONAL PARK
LANDOWNER	ORGANIZATION
MEMBERSHIP	PARK PERMIT

GROUP OR ORGANIZATION

CHECKLIST	
O TIRE PRESSURES & SPARE(S)	O ALL FLUIDS
O BELTS & HOSES	O BRAKE PADS & SHOES
O ALL BOLTS & LUG NUTS	O SHOCKS & MOUNTS
O WINCH & BATTERIES	O ALL SPARE GAS TANKS
O ASSORTED TOOLS	O FORDING DEPTHS & ANGLES

TRAIL CONDITIONS

OBSERVATIONS

CONCLUSIONS				
YES	NO	SHADE ONE	TRAIL DIFFICULTY	SCORE
O	O	RECOMMEND OVERALL?		
O	O	WELL MANAGED?		
O	O	CHALLENGING?	1 TO 10	1 TO 10

DATE	LOCATION	DISTANCE

PASS NEEDED

DAILY PASS	NATIONAL PARK
LANDOWNER	ORGANIZATION
MEMBERSHIP	PARK PERMIT

GROUP OR ORGANIZATION

CHECKLIST

O TIRE PRESSURES & SPARE(S)	O ALL FLUIDS
O BELTS & HOSES	O BRAKE PADS & SHOES
O ALL BOLTS & LUG NUTS	O SHOCKS & MOUNTS
O WINCH & BATTERIES	O ALL SPARE GAS TANKS
O ASSORTED TOOLS	O FORDING DEPTHS & ANGLES

TRAIL CONDITIONS

OBSERVATIONS

CONCLUSIONS

YES	NO	SHADE ONE	TRAIL DIFFICULTY	SCORE
O	O	RECOMMEND OVERALL?		
O	O	WELL MANAGED?		
O	O	CHALLENGING?	1 TO 10	1 TO 10

DATE	LOCATION	DISTANCE

PASS NEEDED	
DAILY PASS	NATIONAL PARK
LANDOWNER	ORGANIZATION
MEMBERSHIP	PARK PERMIT

GROUP OR ORGANIZATION

CHECKLIST	
O TIRE PRESSURES & SPARE(S)	O ALL FLUIDS
O BELTS & HOSES	O BRAKE PADS & SHOES
O ALL BOLTS & LUG NUTS	O SHOCKS & MOUNTS
O WINCH & BATTERIES	O ALL SPARE GAS TANKS
O ASSORTED TOOLS	O FORDING DEPTHS & ANGLES

TRAIL CONDITIONS

OBSERVATIONS

CONCLUSIONS				
YES	NO	SHADE ONE	TRAIL DIFFICULTY	SCORE
O	O	RECOMMEND OVERALL?		
O	O	WELL MANAGED?		
O	O	CHALLENGING?	1 TO 10	1 TO 10

DATE	LOCATION	DISTANCE

PASS NEEDED	
DAILY PASS	NATIONAL PARK
LANDOWNER	ORGANIZATION
MEMBERSHIP	PARK PERMIT

GROUP OR ORGANIZATION

CHECKLIST	
O TIRE PRESSURES & SPARE(S)	O ALL FLUIDS
O BELTS & HOSES	O BRAKE PADS & SHOES
O ALL BOLTS & LUG NUTS	O SHOCKS & MOUNTS
O WINCH & BATTERIES	O ALL SPARE GAS TANKS
O ASSORTED TOOLS	O FORDING DEPTHS & ANGLES

TRAIL CONDITIONS

OBSERVATIONS

CONCLUSIONS				
YES	NO	SHADE ONE	TRAIL DIFFICULTY	SCORE
O	O	RECOMMEND OVERALL?		
O	O	WELL MANAGED?		
O	O	CHALLENGING?	1 TO 10	1 TO 10

DATE	LOCATION	DISTANCE

PASS NEEDED

DAILY PASS	NATIONAL PARK
LANDOWNER	ORGANIZATION
MEMBERSHIP	PARK PERMIT

GROUP OR ORGANIZATION

CHECKLIST

O TIRE PRESSURES & SPARE(S)	O ALL FLUIDS
O BELTS & HOSES	O BRAKE PADS & SHOES
O ALL BOLTS & LUG NUTS	O SHOCKS & MOUNTS
O WINCH & BATTERIES	O ALL SPARE GAS TANKS
O ASSORTED TOOLS	O FORDING DEPTHS & ANGLES

TRAIL CONDITIONS

OBSERVATIONS

CONCLUSIONS

YES	NO	SHADE ONE	TRAIL DIFFICULTY	SCORE
O	O	RECOMMEND OVERALL?		
O	O	WELL MANAGED?		
O	O	CHALLENGING?	1 TO 10	1 TO 10

DATE	LOCATION	DISTANCE

PASS NEEDED

DAILY PASS	NATIONAL PARK
LANDOWNER	ORGANIZATION
MEMBERSHIP	PARK PERMIT

GROUP OR ORGANIZATION

CHECKLIST

O TIRE PRESSURES & SPARE(S)	O ALL FLUIDS
O BELTS & HOSES	O BRAKE PADS & SHOES
O ALL BOLTS & LUG NUTS	O SHOCKS & MOUNTS
O WINCH & BATTERIES	O ALL SPARE GAS TANKS
O ASSORTED TOOLS	O FORDING DEPTHS & ANGLES

TRAIL CONDITIONS

OBSERVATIONS

CONCLUSIONS

YES	NO	SHADE ONE	TRAIL DIFFICULTY	SCORE
O	O	RECOMMEND OVERALL?		
O	O	WELL MANAGED?		
O	O	CHALLENGING?	1 TO 10	1 TO 10

DATE	LOCATION	DISTANCE

PASS NEEDED

DAILY PASS	NATIONAL PARK
LANDOWNER	ORGANIZATION
MEMBERSHIP	PARK PERMIT

GROUP OR ORGANIZATION

CHECKLIST

O TIRE PRESSURES & SPARE(S)	O ALL FLUIDS
O BELTS & HOSES	O BRAKE PADS & SHOES
O ALL BOLTS & LUG NUTS	O SHOCKS & MOUNTS
O WINCH & BATTERIES	O ALL SPARE GAS TANKS
O ASSORTED TOOLS	O FORDING DEPTHS & ANGLES

TRAIL CONDITIONS

OBSERVATIONS

CONCLUSIONS

YES	NO	SHADE ONE	TRAIL DIFFICULTY	SCORE
O	O	RECOMMEND OVERALL?		
O	O	WELL MANAGED?		
O	O	CHALLENGING?	1 TO 10	1 TO 10

DATE	LOCATION	DISTANCE

PASS NEEDED	
DAILY PASS	NATIONAL PARK
LANDOWNER	ORGANIZATION
MEMBERSHIP	PARK PERMIT

GROUP OR ORGANIZATION

CHECKLIST	
O TIRE PRESSURES & SPARE(S)	O ALL FLUIDS
O BELTS & HOSES	O BRAKE PADS & SHOES
O ALL BOLTS & LUG NUTS	O SHOCKS & MOUNTS
O WINCH & BATTERIES	O ALL SPARE GAS TANKS
O ASSORTED TOOLS	O FORDING DEPTHS & ANGLES

TRAIL CONDITIONS

OBSERVATIONS

CONCLUSIONS			
YES	NO	SHADE ONE	TRAIL DIFFICULTY	SCORE
O	O	RECOMMEND OVERALL?		
O	O	WELL MANAGED?		
O	O	CHALLENGING?	1 TO 10	1 TO 10

DATE	LOCATION	DISTANCE

PASS NEEDED	
DAILY PASS	NATIONAL PARK
LANDOWNER	ORGANIZATION
MEMBERSHIP	PARK PERMIT

GROUP OR ORGANIZATION

CHECKLIST	
O TIRE PRESSURES & SPARE(S)	O ALL FLUIDS
O BELTS & HOSES	O BRAKE PADS & SHOES
O ALL BOLTS & LUG NUTS	O SHOCKS & MOUNTS
O WINCH & BATTERIES	O ALL SPARE GAS TANKS
O ASSORTED TOOLS	O FORDING DEPTHS & ANGLES

TRAIL CONDITIONS

OBSERVATIONS

CONCLUSIONS				
YES	NO	SHADE ONE	TRAIL DIFFICULTY	SCORE
O	O	RECOMMEND OVERALL?		
O	O	WELL MANAGED?		
O	O	CHALLENGING?	1 TO 10	1 TO 10

www.ingramcontent.com/pod-product-compliance
Lightning Source LLC
Chambersburg PA
CBHW071421070526
44578CB00003B/647